# 天地人

CHAO-HSIU CHEN

天地人

# VOM GLÜCK GELIEBT ZU WERDEN

arsEdition

Ich finde nicht genügend Worte
Meine Liebe auszudrücken
Deshalb beschränke ich mich
Auf ein einziges: Liebe

Den
Tau des Morgens
Auf den
Blüten der Päonie
Bringe ich dir
Und netze deine
Lippen

Dieser Kuss
Kommt vom Himmel
Auf die Erde

Nimm meine Hand
Lass uns
Den Himmel erforschen

*Die Liebe kann nur in einem stillen Garten gedeihen, in dem das Verstehen gewaltig lärmt.*

*Die Liebe gleicht den Jahreszeiten.*

一九九八年春末
若水居士

# Wir sind eins

ALS DER KAISER Shih-Tsung seine Gemahlin durch Krankheit verloren hatte, rief er den Meister Hong, damit dieser ihn in seinem Schmerz tröste. »Auch wenn du sie nicht siehst«, sagte der, »ist sie hier. Woher ich das weiß, möchtest du wissen. Ich habe sie gesehen.« »Wo denn?«, rief der Kaiser aufgeregt. »In deinem Herzen«, antwortete Meister Hong.

EIN MANN UND eine Frau hatten sich in der Wüste verlaufen. Keiner von beiden wollte den letzten Schluck des Wassers trinken. Jeder meinte, ihn dem anderen zukommen lassen zu müssen. Da fanden sie eine Quelle: die Quelle der Liebe.

Die Liebe muss wie eine Orchidee

behandelt werden.

Was der eine hat,

kann dem anderen nicht gehören.

Für Liebende gilt das Gegenteil.

愛

LIEBE

Wie der Wind
Ziehen wir dahin
Wie die Vögel
Lassen wir uns
Von ihm tragen
Unbeschwert
Ist unser Sein
Weil wir endlich
Wissen
Dass nur die Liebe
Schwebend macht

Alles
Fällt
Nur
Die
Liebe
Steigt
Empor

*Lass die Liebe vorangehen,*
*wenn du von ihr erhört werden willst.*

*Du sagst: Ich liebe dich.*
*Weshalb sagst du nicht: Dich liebe ich?*

# Die Liebe steigt empor

ALS DER BUDDHA noch der Prinz Siddharta war, entschloss er sich eines Tages, alles hinter sich zu lassen – seine schöne Gattin, sein Leben in Luxus, seine Anwartschaft auf den Thron –, um einen Weg zu suchen, die Menschen vom Leid zu befreien. Beim Abschied sprach seine Frau zu ihm: »Ich weiß, dass du deine Aufgabe erfüllen musst, und ich liebe dich so sehr, dass ich dich ziehen lasse. Aber ich bitte dich mir zu versprechen, dass du auch mich den rechten Weg lehren wirst, sobald du ihn gefunden hast.« Viele Jahre später fand Siddharta sein Erwachen und wurde zum Buddha. Da kehrte er heim und dankte seiner Gattin, ohne die er die Weisheit nicht gefunden hätte.

EIN BERÜHMTER alter Schriftsteller heiratete eine ebenso berühmte junge Sängerin. Am Tag der Hochzeit sprach er zu ihr: »Das Alter trennt uns zwar, aber die Liebe hebt jede Trennung auf.« Sie lebten beide glücklich und ihr Ruhm dauert bis heute an.

Moral bedeutet: Liebe zu den Menschen.

Gesetz bedeutet: Liebe zur Moral.

Missachte die Liebe –

und sie wandelt sich

in nichts.

Achte die Liebe –

und aus dem Nichts entsteht

das Glück.

足

足

# Zufriedenheit

Wenn du mich vermisst
Leidest du
Wenn du mich nicht vermisst
Leide ich

Leiden wir
An der Liebe
Oder lieben wir
Das Leid

Kann Liebe ohne Leid
Nicht sein
Geht es den beiden
Geradewegs wie uns

Mit den Blüten des Pfirsichs
Ist der Frühling
Wiedergekehrt
Unser Gelöbnis
Konnte der Winter
Nicht brechen
Wie viele Pfirsiche
Werden wir noch
Pflücken dürfen

*Wer zufrieden ist, kennt die Liebe.*
*Aber Zufriedenheit bedeutet nicht,*
*keine Wünsche mehr zu haben.*

*Ist die Stimme der Liebe auch noch so zart,*
*man wird sie vernehmen.*

有不为斋

Überall ist Liebe verborgen

LIAN-SHI-GION,

ein bedeutender Gelehrter, sagte einmal: »Die meisten Menschen verbringen Flitterwochen, ich habe mich an Flitterjahren erfreut.«

ALS DIE GROSSE Mauer errichtet werden sollte, zwang man viele Männer, ihre Dörfer und Frauen zu verlassen, um an dem gewaltigen Werk mitzuwirken. Doch waren sie erst einmal dort, kehrten sie meist nicht wieder heim. Sie arbeiteten sich zu Tode und starben namenlos im Schatten des Bauwerks. Die Frau eines der Arbeiter aber zog zum Grab ihres Mannes und weilte dort so lange, bis sie selber starb. Bis heute nennt man beider Namen, wenn die Rede auf die Liebe kommt.

Die Liebe gleicht dem Feuer: Legt man kein Brennholz nach, erlischt es bald.

Früher hieß es:

Die Liebe kommt
nach der Hochzeit.

Heute heißt es:

Man kann auch ohne
Hochzeit lieben.

Morgen heißt es:

Was brauchen wir
die Liebe?

忍

忍

# Toleranz

Die Schönheit spricht
Was wäre die Liebe
Ohne mich

Die Liebe spricht
Was wäre die Schönheit
Ohne mich

Fülle deine
Augen
Mit meinen
Tränen

Dann wirst du
Meine Sehnsucht
Nach dir
Verstehen

Nun füllen sich
Meine Augen
Mit deinen
Tränen

Dann endlich
Nach so langer Zeit
Hast du
Mich gefunden

# *Die Säulen der Liebe: Duldung und Pflicht*

*Wer liebt, findet sich selbst.*

Unsere Liebe wird immer bestehen

IM ALTEN CHINA war es ganz selbstverständlich, dass Ehemänner Konkubinen hatten. Als der Mann von Li-Ching-Zhou, einer bekannten Dichterin, auf sein Recht pochte, zeigte seine Frau keinerlei Eifersucht, sondern schrieb ihm ein Gedicht, in dem es hieß: »Es freut mich auch, wenn du dein Glück woanders findest.« Da erkannte der Mann die tiefe Liebe seiner Frau und ließ von seinem Vorhaben ab.

DER DICHTER LI-Yiang-Nian hatte Verse über die Schönheit seiner Schwester geschmiedet. Als der Kaiser diese vernahm, verliebte er sich unsterblich in sie, obwohl er das Mädchen noch nie gesehen hatte. Doch die Dichtkunst vermochte es, ihre inneren und äußeren Vorzüge so zu preisen, dass der Kaiser sich nichts sehnlicher wünschte, als dieses Mädchen zu heiraten. »Entspricht sie nicht deinen schönen Worten, lasse ich dich köpfen«, drohte er dem Dichter. »Aber ich belohne dich, wenn du die Wahrheit gesagt hast.« Einige Zeit später war der Dichter ein reicher Mann und seine Schwester die Gattin des Kaisers.

Eine Saite vermag viele Töne zu erzeugen.

Die Liebe aber schafft die Melodien.

Nur der kennt den Namen der Liebe,

der seinen eigenen vergessen hat.

任

任

PFLICHT

Wir sind getrennt
Doch werden wir gemeinsam wachsen
In der Erde
Zwei Bäumen gleich
Die ihr Wurzelwerk vereinen
Und die Frucht reifen lassen
Wir werden gemeinsam wachsen
In den Himmel
Zwei Wolken gleich mit leichten Schwingen
Die in einem Regentropfen sich vereinen
Wer will da noch sagen
Dass wir Getrennte sind

Nimm
Diesen Ring
Mitten
In ihm
Findest du
Mein Herz

Nimm
Dieses Herz
Mitten
In ihm
Findest du
Mich

*Wer die Liebe nicht kennt,*
*achtet das Leben nicht.*

*Überall ist Liebe verborgen.*

一九九七年春末
有不為齋
蝶與花之二

Die Quelle der Liebe ist
der Quell des Lebens

DIE FRAU VON DR. Sun-Yat-Sen wurde von ihrer Familie verstoßen, weil sie einen Revolutionär geheiratet hatte. Als man ihren Mann aber später überall als den »Vater des modernen China« bezeichnete, schätzte man sie über alles und sonnte sich im Ruhme ihres Namens.

ALS DER KAISER Tang-Ming-Huang seine Lieblingskonkubine Yang-Yü-Hang durch Tod verloren hatte, rief er voller Schmerz: »Wir glichen zwei Vögeln, deren Schwingen sich im Wind vereinten. Gemeinsam flogen wir zum Horizont. Wir glichen zwei Bäumen, deren Wurzeln sich im dunklen Erdreich umschlangen. Wenn Himmel und Erde vergangen sind, wird unsere Liebe immer noch bestehen.«

Liebe ist ein gegenseitiges »Ja«, ohne dass das »Nein« vergessen werden darf.

Die Quelle der Liebe ist

der Quell des Lebens.

仁

仁

# GUTHERZIGKEIT

Chao-Hsiu Chen wurde in Taiwan geboren, wo sie in den alten Weisheiten des Buddhismus, des Konfuzianismus und des Taoismus unterwiesen wurde. Später studierte sie klassische Musik in Wien und Salzburg. Die fünfsprachige Schriftstellerin, Komponistin, Malerin und Feng-Shui-Expertin lebt und arbeitet in Rom und München. Ihre Bücher wurden bereits in mehreren Ländern zu großen Erfolgen.

Layoutgestaltung: Veit-Rost Werbeagentur, Ingolstadt
Herstellung: interConcept, München
Umschlaggestaltung: Bluguy, München
Herausgeber: Hans Christian Meiser
Printed in Singapore
ISBN 3-7607-1874-4

Die Kalligrafien auf dem Umschlag sowie dem Vor- und Nachsatz bedeuten (von oben nach unten): Himmel – Erde – Mensch; der Stempel im Innenteil des Buches heißt: Nichts geschieht ohne Grund.

Weitere Titel in dieser Reihe:

Vom Glück, gesund zu werden
Vom Glück, Freunde zu haben
Vom Glück, Zeit zu haben